Susanne Rasser

Atme
den Himmel

Gedichte

dahlemer verlagsanstalt

Auf ein Wort

Bist Du gut zu Dir?

Bäckst Du sonntags,
nur für Dich,
einen Kuchen,
mit den fettesten
Erdbeeren darauf?

Oder schimpfst Du

nur mit Dir,
kläffst, bis Dein innerer
Schweinehund
den Schwanz einzieht
oder gar jämmerlich miaut?

Magst Du Dich

im Spiegel
sehen
oder findest Du
auch dort
den Fleck,

das Mal,

die Altersfalte,
tief?

Freundschaft

(für Daniela)

Wenn uns die Worte ausgehen,
wenn Deine Trauer
wie ein schwarzer Pfau

sein Rad schlägt,

wenn wir uns in Deinem Schmerz
und meinem Mitleid suhlen,
dann senden wir einander,
weil (uns) die Worte ja ausgegangen sind,

über WhatsApp Grinsgesichter,

Emojis mit rausgestreckter Zunge.
Was kommt, das hilft,
der Trost,

er braucht kein Hirn.

Freilich

Das ging,

mit einem Schlag,
dass wir uns neu bescheiden konnten,
leiser traten,
dass wir auf Dich,
auf mich,
auf uns alle
achteten.
Achtsam, plötzlich, anlassbedingt.

Das fällt nicht schwer,

es geht ganz leicht,
da flutscht was,
da juckt nix,
da packen wir
den Stier
am Horn
und zäumen ihn
mit Blumen auf.

So ändern mich die Zeiten

Egal.
Was kommt. Ich bin

bereit. Breit
stehe ich in der Tür,

im Rahmen,
sprenge die Grenzen,

die Fesseln. Das Fass
kann ruhig überlaufen,

die Ufer fluten,
den Dreck wegschwemmen.

Meran, Lyriktage

Es spricht einiges dafür,
dass man zurückkehren sollte

an den Kamin.
Verstummen, erstarren,

Haut zu Leder.
Aber man spricht dagegen,

bleibt nur mehr selten hängen,
treibt sich ohne Punkt und Balken

in diese fremden,
ureigenen Geschichten.

Wünsche

Zum Geburtstag! Viel Glück.
Freude, Frohsinn, Leichtigkeit.
Einen Kuchen. Luftballons!

Einen Rucksack voller Luftballons,
zum Umschnallen, zum Abheben
und Weitfliegen.

Hausordnung

Als wir uns
für den Frieden
entschlossen,

war Friede.

Steh auf

Nimm die Zügel
aus dem Joch

und lass sie schleifen.
Und lass die schlafen,

die der Ruhe noch bedürfen.
Geh nicht den Weg

des groben Widerstands,
nimm Dich zurück,

wenn Du nach vorne willst.

Selbstanweisung

Ordne Dich
nicht unter,
steh nicht
drüber,
nimm Dich raus
aus dem Spiel
des aburteilenden Vergleichs.
Schick den Richter
in Dir
in Rente
oder zum Mond.
Gib Dich frei.

Im Wechsel des Lichts

Was mir mit dem Alter
und dem Altern geschenkt wird?
Guter Zwirn. Fürs Nervenkostüm.
Schallendes Lachen. Für oder gegen
die Wichtigtuer.
Wachsender Hunger. Aufs Leben.
Die Liebe. Auf den Gries im Schmarren.

Viehbauer

Erhaben ungeniert
zählen wir jede noch so fette Beute
zum angestammten Grundbesitz.

Als wären wir
das Maß

fürs Leben
und fürs Lassen.

Morgengebet

Lass mich im Regen
stehen,
setz mich der Sonne
aus,
dreh laue Luft
zum Wirbelwind,

damit ich wachsen:
fliegen kann.

Flugstunde I

Wenn Du im Absprung
an die geglückte Landung

glauben kannst,

kannst Du
fliegen.

Erste Übung

Nur nicht klein
beigeben,
jetzt nicht mehr. Nicht mehr

stillsitzen,
strammstehen,
sich nichts mehr

verwehren.

Flugstunde II

Lösen wir also
die Fäden,
die Fesseln,
fächern die Federn
zu Flügeln auf.

Üben wir also
den Adlerblick,
der uns zeigt, uns lehrt:
von sehr weit oben betrachtet,
haben alle Menschen dieselbe Größe.

Flugstunde III

Überwinden wir also
die Schwelle,
die Schwerkraft,

ziehen ein Seil
um den Ast,
knüpfen eine Schaukel

auf den Baum,
schwingen uns
himmelhoch

und zur Erde zurück.
Verbinden wir uns also
mit dem All

und dem Einen,
dem Himmel,
der Erde,

dem Ast
und nicht zuletzt mit dem Baum,
der uns trägt.

Zugvogels Lebensweisheit

Lebe.
Liebe. Fliege.

Gib,
bis Du reich bist.

Nimm,
bis Du nichts mehr brauchst.

Streck den Kopf
samt Schnabel

in die Luft.
Atme

den Himmel.
Ein.

Und aus.

Überflieger

Hüpfst. Im Kreis. Wie einst Rumpelstilz.
Ätzst und lästerst.

Schimpfst. Über die Greta,
die Klimajugend, über uns Deppen,

die wir jetzt, mit einem Male und eigentlich auch ganz unerwartet,
Plastik sparen, nicht mehr mit dem Bonzen-Auto fahren,

die wir uns neu bescheiden wollen, müssen.
Hirnverrissene Öko-Spinner.
So nennst Du uns. Warum das Theater und Herumgeätze?

Weil der Herr seinen ganz privaten Flieger weiterhin
durch die Lüfte schmutzen will, weil er süchtig ist nach dieser
Form

des Überblicks. Keine Angst,
wir werden Dir hier nicht das Grün abgrasen,

wir gratulieren auch nicht zum Privatflugzeugpilotensch(w)ein.

Bestimmt

Du hast mich aufgelesen. Am Bahnhof von Klafu.
Und durch die halbe Stadt kutschiert. Einfach. So.
Spontan-privat-Sightseeing-Tour.

Als sei das nix. Als hätte Muttern nicht gesagt,
dass man zu fremden Männern
nie ins Auto steigen soll.

Als sei die Zeit, das Geleit und jedes gute Wort
ein Geschenk,
das man der Fremden gerne gibt.

Und ja, so war es auch.
Du zeigtest mir die Bachmann-Welt,
Du kanntest ja die Ingeborg persönlich,

sie war bestimmt, sehr sogar, sagtest Du.
Ich hatte mir die Stadt,
in der Jörg Haider einst sein Unmenschwesen trieb,

ganz anders, viel kläglicher vorgestellt.
Du hast mein düsteres Bild erhellt und übermalt,
Merci, Bernie.

(Klagenfurt, Juni 2019, für Bernd Jaschitz)

Weihnacht

Überfluss
vom Tisch
gewischt,
genug
ist meistens
schon zu viel.
Aufgewärmt,
als wär's für immer,
leise
pocht
das Herz
im Kopf.

Ichbetont

Mir träumte, dass ich lebe und dass mich eine Erde trägt.
Da hatte ich Hand und Fuß
im Doppelpack
und ein gerades Rückenrund.
Hochstabil, höchstfragil,
ein Meisterwerk der Maßarbeit.

Ich konnte stehen, gehen, greifen, schmecken, riechen.
Mir fuhr ein Wind
durchs Haar,
und pralle Sonne
wärmte meine Haut.
Ich setzte meine Schritte selbst-

bestimmt, kam dabei wie im Flug von A nach B.
Ich konnte mein eigenes Atmen
und manchmal sogar meinen Pulsschlag hören,
und ja, man glaubt es kaum,
ich konnte mir beim Sehen
selber zusehen.

In diesem Traum war ich das Ich,
das sich mit einem anderen Ich
verbinden kann,
so sah ich mich
und sah doch zugleich ab
und weg von mir,

so fand ich neue Bilder-
welten, Töne, Worte,
eine ganze Sprache gar.
Ich habe nach Menschenart
gesungen und gelacht,
geweint, gelitten.

Mich hat ein Du geliebt,
ergänzt und ausgefüllt.
Es war ein Fest,
wie es sich nur im Mensch-Sein feiern lässt.
Ich habe den Rausch, die Grenzen
und die Einsamkeit

erlebt, durchlebt und überwunden.
Mir wurde die Nacht
zum Tag,
ich fand im Zeitmaß
Halt, wenn ich im Kreis
meiner Liebsten saß,

so war ich eines Mannes Frau,
die zugleich
Kind und Mutter war.
Mich hielt ein Urgrund,
wenn ich meinen Anker
bis zum Himmel warf.

Mitgefühl

Was sie nicht umbringt,
macht sie noch härter.
Hinter rauer Schale
verbirgt sich
der knochenharte Kern.
Wie lebt, wie stirbt
ein Mensch,
der sich das Mitgefühl
verbietet, verbeten haben will?

Zwischen Erde und Stein

Im Grab liegt der Wunsch,
er wird begossen und bedacht,

besprochen bei Nacht,
er wird behütet, beschützt

und mit jener Liebe genährt,
die wir einst verloren glaubten.

Wie lernen wir je zu leben damit?

Wenn ich der Amsel, der Meise, dem Kehlchen,

die Samen, die Früchte, die Beeren

hinauslege, so denke ich dabei

an Mauthausen.

Ich sah die Schwarz-weiß-Fotografie
eines stattlichen, vermutlich selbstgebauten Vogelhauses
auf einer Schautafel im KZ-Memorial.

Die Wächter, die Schlächter, die Mörder

von Mauthausen,

auch sie haben im Winter

die Vögel gefüttert.

Oder war es einer von ihnen? Ein Scherge
mit Barmherzigkeit
fürs Federvieh?

Einschnitte

Hier ruhen
nach langem Aufstieg,
wir teilen
das Brot. Und Prost,
ein Lachen, über der Almhütte
zieht ein Adler
seine Kreise himmelwärts.

Hier ruhen
am hölzernen Tisch
auch unsere Finger nicht,
langsam, zögernd, versonnen eigentlich,
streichen wir mit unseren Fingerkuppen
übers Eingekerbte.
Monogramme, Jahreszahlen,

Herz, Furche, Stich.
Wer hat da ein Messer genommen,
schnitt *LISSABON, ICH KOMME*
ins Holz des Almhüttentisches?
Wir wissen es nicht.
Auf und davon,
Mensch unserer Fernwehträume.

Und es werden viele sein

Wir streuen einander
Sand in die Augen,
wir lästern und labern,
verbrämen, verfälschen,

wir schränken ein und blenden dabei aus,
dass uns die Macht durch Missbrauch
ganz und gar entglitten ist.

Wir protzen mit Bomben
und Pomp,
wir lassen verhungern, verrecken,
ziehen einen Stacheldraht um jenes Buffet,

an dem wir uns jammernd überfressen.
Wir sind zum Kotzen satt,
so maßlos wie verfestigt.

Wir richten die Erde zugrunde,
schießen unseren Müll bis ins All,
wir vergiften das Wasser, die Luft und die Pflanzen,
wir mästen die Tiere

zu Schlachtabfall.
Kein Schwein will auf diese Art ein Mensch sein,
wie wir es heute sind,

uns treibt und lähmt die Gier,
uns hat's der schnöde Mammon angetan.

Wir wissen nichts und wissen es doch,
dass es so nicht weitergehen kann.

Und wenn nun einer käme,
der uns noch retten,
uns noch helfen könnte?
Einer, der es uns zeigt,

wie man den Frieden
und die Liebe lebt.
Wir würden alle Kräfte bündeln,

Wege suchen
und auch finden,
um ihn (noch einmal)
ans Kreuz nageln zu können.

Und wenn nun aber viele kämen?
Wenn wir Menschen endlich in die Gänge kämen?
Wenn wir es einander zeigen würden,

wie man teilt und schützt
und wie man gibt und nimmt,
so wären wir einander jenes Licht,
das jede Dunkelheit durchbricht.

Unter Menschen

Die schmieren Dir
Floskeln ins Gesicht,
Du hebst, senkst
Deine Schultern, Du gehst

auf den Knien.
Die kommt da nicht mit,
grölen die Dörfler,
schließen den Kreis.
Ellbogen an Ellbogen.

Kein Wort, das Dich schützt,
kein Zuhause.

Nach dem Super-GAU

Als die Alten starben,
zuckte man mit den Schultern
und verwies auf das Leben.

Als die Kinder erkrankten,
finanzierte man Erholungsaufenthalte
und setzte die Grenzwerte hinauf
(oder gar außer Kraft).

Als die Männer ihre Zone nicht mehr verlassen konnten
und die Frauen das Gebären verwünschten,
erfand man neue Krankheitsursachen
und änderte die Todesstatistik.

Fraglos

Solange wir nicht bereit sind
zu teilen,
werden wir Angst haben,

dass uns jemand etwas wegnimmt.

Entscheiden wir uns also?
Gegen die Angst?

Gemachtes Glück

Der Zahnarzt schenkt mir
ein Lächeln,
strahlend, antik-
weiß, aus bestem
Porzellan.

Verzicht

Komm. Und gehe
freien Herzens
auf diese ausgebreiteten Arme zu.

Nimm. Und gib
dieses Glück,
es ist Dir zugedacht.

Liebe sie so,
als ob
es mich nicht geben würde.

Möglich

Das Glück nicht mehr zu jagen,
den Schmerz nicht mehr zu fürchten,

dem Ungeheuer-
lichen ins Auge zu sehen,
um zu sehen,
dass wir das überstehen,
woran unterzugehen wir meinten.

Wenn alle Stricke reißen,
sind wir frei.

Folgenschwer

Es spitzt sich zu.
Wir stumpfen ab.

Stillleben

Das Haus karminrot, verwittert
der Gartentisch, umlagert
von Gästen, Freunden.
Wir, Du und ich,
sitzen im Gras,
Knie an Knie, geflüsterlos.

Es sprachen zwei Bäume

Das Wesen der Sonne wird schwach,
    die Kate speichert den letzten Strahl.
Bald kommt der Schnee
    und mit ihm das Eis.
Wir werden ruhen.
    Wir werden träumen.
Jetzt, da die Blätter gefallen,
    erfreue ich mich ihrer Pracht.
Des Bauern Kind sang ein Lied,
    lehrte es der Mutter.
Ich spüre den ersten Winterhauch.
    Wir tanzen. Wir leben. Wir hören die Lieder.
Wir tanzen, und unsere Äste spielen die Geige.

Ferien im Tessin

Ich hatte für die Schönheit
des Oleanders
keine Worte.

Der Lago,
die Sonne,
die kindskopf-

großen Paprikaschoten
in den Vorgärten
von Brissago.

Und die Mimosen.
Mit den Mimosen
waren wir artverwandt.

Sascha

Für einen Präsidenten
schreibe ich kein Gedicht,
das würde ja an Götzenkult gemahnen,

an unseligste Zeiten.

Nein, für einen Präsidenten
keine Zeile,
auch wenn Sie

mit den Rechtsaußenbürschchen

umzugehen wussten,
für einen Präsi
mach ich mich nicht stark,

da käme ich ja ins Hecheln. Ihr Lächeln,

dear Mr. President,
das hat's mir angetan.
Und schön,

wie Sie Ihre / unsere First Lady

unterhaken. Gesetzt, verschmitzt,
ums Leben froh. Und dabei diese eselsstarke
Grundvernunft,

Sie könnten Schweizer sein.

Vom Finden

An Deiner Seite
querfeldein stiefeln,
das heißt:
nichts mehr suchen müssen.

Die Himmelsschlüssel, Teufelskrallen,
Knollen, Blätter, Pilze
und sogar den Kuckucksklee

nicht mehr abreißen,
dem Sammeltrieb,
der Morgenangst
ein Schnippchen schlagen.

Keine Ausbeute: keine Last.
Mit aufgefächerten Händen
über Birkenrinden,

auf leisen Sohlen
über Moos, Stein,
Wurzelwerk.
Die Sonne

anhimmeln,
die Erde
berühren,

behüten,
bewahren
wollen.

Morgenspaziergang

Ich male mir
den Himmel rot
und über schwarze Äcker
ziehe ich meine Spur.
Setze Schritt
um Schritt
auf jenem Weg,
der mir vor Tagesanbruch
unerreichbar schien.

Gewachsen

(für meinen Vater)

Hab jedes gute Wort
von Dir
in mir
verwurzelt.
So wuchs mir eine Sprache,
die vom Leben
in der Liebe
weiß.

Sonntags

Da sitzt Du,
bei Zeitungen, einer Zigarette,
beim x-ten Kaffee,

zerstreut, zerzaust,
Kinn gesenkt, Stirn gefältelt,
Buch am Bauch, kugelweich, sehr fern und sehr nah-

bar. Vielleicht.

Keiner zu Hause

Als das Unglück
bei mir anklopfte,
lautstark gegen meine Haustür hämmerte
und Einlass begehrte,
war ich im Garten.

Neulich, am Hof des Friedens

(für Anni Z.)

Hier liegen sie. Mein Vater, seine Mutter, das Kind.
Daneben Dein Einziger, Dein Ein & Alles. Und
irgendwo
im Abseits, am Absatz

zur 7. Friedhofstreppenstufe,
liegt der Rivale gleich
neben den Verschwiegenen. Unter der Erde

die Leiber. Das Leben? Erloschen? Darin?
Mit dem Tod, sagst Du,
ist nicht zu hadern,

mit dem Tod
lernen wir
zu leben.

Verbanntes Kind

Opfer. Samt Rolle.
Schwer-
verletzt. Im Stich
gelassen.

Sich abarbeitend,
am Stachel,
am Stich,
am Zurück-

schlagen.

Die Königin war da

Auf dem weißen Tisch
ein blauer Blutfleck.
(Ich entdeckte ihn beim Abräumen,
nach dem Gelage)

Hingetrotzt. Den Fleck.
Im Ekel
vor unserer Jetzt-Zeit,
von der wir meinen,

dass sie modern wäre.

Die Altbäuerin

Man hat Dir beim Ausmalen
die Sterbebildchen
von der Wand genommen.
Deine Lieben,
im Herrgottswinkel,
zwischen dem Asparagus und dem Gekreuzigten,
das war … Schnell redest Du
über das Wetter und über das Wetter
vom vorigen Jahr.

Greta

Eine steht auf,
geht voran, reißt eine Menge mit.

Eine wie Du.
Hast Dir die Last
unserer Vergehen und Versäumnisse

auf die Schultern geladen.
Trägst, hältst. Sprichst
mit heiligem Ernst.

Danke.

Sportlich

Mitten im Fall,
zwischen Aufprall
und Gebrüll,

kommst Du
auf Deinen Beinen
zu stehen.

Einfach

Eigentlich brauchst Du
gar keinen Plan,

es genügt
zum Himmel

hochzuschauen,
hochzustaunen,

da zu sein.

Aber geh

Allein um ihn kreisen,
als hättest Du sonst nichts
und niemanden,
für den Du ein Fixstern bist.

Als wäre er der Einzige
und alles,
was Dich ins Leben trägt.
Als wäre er nicht jene Krücke,

an der Du nur hinkst,
als gäbe es eine Brücke,
von der Du
Dich fallen lässt.

Die mit dem Schild

Neugierig. Und dabei immer auf der Hut.
Immer auf Rückzug bedacht. Schild-
krötengleich. Flink, trotz der vielen Lebenstage,
der abgeriebenen Sohlen, flink auch im Denken.
Und kess. Bestimmt. Bestimmend.
Und dabei immer
ein Nein auf den Lippen.

Studiato Italiano

Aber man könnte
aufeinander zugehen,
aber der Frosch

im Hals,
im Herzen
der Hase,

hakenschlagend, wie wild.
Da ein Gestern,
das nicht mehr zählt,

dort eine Sorge,
die nichts mehr wiegt.
A presto.

Wir waren Wanderschüler

(für meine Schwester Martina)

Der Weg ging
steil bergauf, bergab,
jeden Werktag
trug er uns

zur Schule,
die das ungeschützte Wartehaus,
die abgewetzte Ruhebank war
(nicht mehr, nicht selten noch viel weniger).

Uns führte
dieser Weg über Schnee und Staub
zu den Menschen,
er lehrte diese Hingabe, die nur im Bewegt-Sein
entsteht.

Du warst beherzte Tat
und ich das prompte Wort,
wir gaben selten klein bei,
wir gingen weit

und immer weiter.
Im Abseits
standen uns die besten Lehrer bei:
stolze Wildtiere,

die übermütig
ihre Spuren traten,
ehe sie lautlos starben,
ein schmaler Gebirgsbach,

dessen Gischt
manch rauen Klotz
zu Kiesel schliff
oder jener krummgewachsene Apfelbaum,

der alles locker überstand
und jedem seine Früchte antrug.

Wir kommen weit

(Zum Lyrikband SCHLÄFT EIN LIED von Sepp Mall)

Es gibt Bücher,
die man lange mit sich herumträgt,
in Manteltaschen, Reisekörben,
im Kopf und auf der Zunge.

So wird einem ein Buch
zum Begleiter, Reiseleiter,
es wirft Fragen auf,
lässt Antworten finden.

Bücher dieser Art
stehen nie lange
im Regal,
sie führen ein Wanderleben,

wir kommen weit
mit ihnen
herum.

Erzähltes

Dass er sich mit seiner eigenen Endlichkeit
nicht abgefunden habe,
ehe er starb,

und dass er nun endlich
seine eigene Unendlichkeit
begreifen könne,

sagte sie, seine Witwe,
die sich nun als Sterbebegleiterin
durchs Leben kämpfen will.

Unding

Mit dem Warten
auf die Zeit vergessen.
Mit der Zeit
aufs Warten vergessen.
Ein Unding. Ein Ding.
Keine Leere
im Nichts.

Natürlich

Ehe er zerfließt
und vergeht,
eine neue Gestalt annimmt
und himmelwärts steigt,

muss auch der Schnee
aus allen Wolken fallen.

In memoriam

(für Niko Granegger)

Springst dem Tod
auf die Schaufel.

Über Nacht,
ganz allein,

rauschst Du ab,
steigst Du auf,

wirst Stern,
Himmelslicht.

Vor dem Fest

Die Sonne
am Schwächeln,
der Mond
etwas krank,
der Tag
nicht hell

und Schneee
im Mäh,
äh, im Mai,

als hätten wir
auf Weihnachten
vergessen,
als sollten wir
– gerade jetzt,
in diesem Frühling –

daran erinnert werden,
dass es ein Fest
der Liebe gibt.

Mit aller Macht

Zieht, zerrt. Zetert.
Hält die Leine
kurz.

Tätschelt. Täuscht. Trottet
hinter Dir,

lockt mit Lob,
legt Dir
tausend Leckerlis.

Friss nicht. Beiß nicht.
Bewerte es nicht.

Nimm die Zügel
aus dem Joch,
häng sie ab.

Mit Gepolter

Vor offener Tür
nach dem Schlüssel gesucht.
Blindlings-planlos,
mit rückwärtsgewandtem Blick.
Im Widerspruch
den Irrtum mit Sorge gefüttert.
Erstarrt.

Mit einem Ruck,
einer Wendung
des Blicks,
fällt der Groschen
mit der Starre,
fällt die Mauer
im Kopf.

Kreuzstichtrauerarbeit

Zieh das Garn mit der Nadel,
setze Stich um Stich,
gestalte aus Kreuzen ein Herz,
vernähe die Enden.

Umarmung

Das geteilte Wort,
die schützende Geste
einer Umarmung, Herz. Verstand. Humor.
Das sind diese Geschenke,
die wir einander immer machen können,
sie sind wie Rettungsringe,
die uns von einer allzu bewegten See ans Ufer tragen.

Befreit

Dass wir noch Träume haben,
mit jedem Atemzug Leben schöpfen,
dass wir uns zur Nachtzeit ausdehnen
und an jedem Morgen neu aufrichten

können,
so selbstverständlich ist das
längst nicht mehr.

Wir mussten Furchen ziehen,
säen, ernten, im Sterben werden,
Flügel, Federn, Haare lassen
und aus manchen Wolken fallen,

ehe wir uns wieder
wie die Kinder freuen können,
absichtslos und von uns selbst befreit.

In Zeiten der Abwesenheit

Ich habe Deinen Namen
aufs Eis getanzt

und in den Schnee geschrieben,
habe Dich in mir getragen,

wie ein Kind
entbunden,

als könnte ich
das Leben geben.

Ich habe dem Wüstensand
und jeder Wolkenbank

von Dir erzählt,
selbst wenn ich unter Menschen

ging und schwieg, sang ich
Dein Lied.

Schlechtes timing

Es warf ein Stern seine Schnuppe
zwischen Welt und All,
während ich mit Dir unseren Wunsch
begrub.

Erdenschwere

Wenn wir noch einen Sommer hätten,
wie diesen einen,

wenn wir noch einmal wie die Kinder
in zu großen Schuhen gehen könnten,

wir wären doch nie wieder schmerzgefeit,
wir wissen jetzt um jene Nacht,

die in den Morgen greift,
wir wissen um das Straucheln.

Richtung, Haltung

Atem schöpfen. Die Schultern
ausrichten.

Den Kopf, den Blick
nicht senken.

Die schlechten Karten
wie Trümpfe

auf den Tisch
legen,

knallen! Aufstehen,
die Sohlen

vom Boden
lösen,

den Schritt
abfedern.

Und dann?
Einfach

den eigenen Füßen nach,
sie zeigen

immer noch
nach vorn.

Hier und jetzt

Ein Kniefall
vor schwarzer Erde.

Das Fingerspiel
am Wurzelwerk.

Das Einpflanzen
und Aufrichten.

In säender
Hoffnung,

im blinden
Vertrauen.

Große,
all-

umarmende Gesten,
Gärtnerinnenglück.

Frühlingslicht

Nach einem bitterkalten Winter

pflanze ich Blumen

auf Dein Grab,
friede es

mit weißen Kieseln
ein.

Wattmanngasse

Ehe ich stadteinwärts
und somit wieder
unter Menschen gehe,
überlasse ich mich
dem Frühlingswind,

der trägt und nimmt

die Sehnsucht,
der wirbelt mich
aus einem langen Schatten.

Der Schwerkraft zum Trotz

Aber wir stehen nun wieder
mit beiden Beinen

in jenen Wolken,
aus denen wir einst fielen.

Große Ferien

Ich lief
meinem Schatten davon,
noch Sonne
im Rücken, Wind strich
durchs Haar, den Körper entlang
ein Fetzen Sommerkleid,
mit riesigen Mohnblumen darauf,
Schwesternerbstück, unangepasst.

Sommer

Wirf Deinen Hut,
hier ein Glas, Brot, Käse, Trauben.
Bleib solange
die Sonne strahlt,

versprich
nichts mehr.

So schnell vorbei
so ein Tag
im Freien.
Geh,

ich bitte Dich,
nicht.

Zaunspfahlwink

Sitz mir vor,
steh mir bei,
geh mit mir
bis zum Brunnen.
Leg Dein Gewicht
in mein Schweigen,
Deinen Zauber
auf mich.

Herbst

Reise. Mit leichtem
Gepäck.
Gehe. Federnden
Schritts.
Ahne. Alles.
Und nichts.

Sei getröstet

Wenn Dein Lächeln
gefriert, gefrieren

die Tränen. Wenn Tränen
sich lösen, löst

sich der Schmerz. Während Schmerz
verklingt, erklingt

ein Lächeln
in Dir.

Der Altbauer

Chemiedünger streuen,
Steine sammeln,
die Vor-Mahd.

Stolz, wieder so streng
wie früher,
da war

alles besser,
da hatte man
die Kinder

noch wirklich
im Griff,
nicht so krankhaft

ans Herz geschlossen,
so weich war man nicht,
so nachgiebig

wie Schlamm.
Jetzt kratzt er
seine Felder auf,

die Umzäunungen
faulen zu Erde,
jetzt schlägt er

seinen Birnbaum um.
Die Kinder holen
noch Hühnereier,

dann fahren sie wieder
stadteinwärts.
Und einmal im Jahr

ordern sie das Höllengebräu,
denn auf den selbstgebrannten Vogelbeerschnaps
vergessen sie nie.

Dolce

Kein Haus. Kein Baum. Kein Kind.
Keinem Staat. Und auch der Kirche nicht.
Null Dienstbarkeitsgefühl.
Kaum Machtgelüste.
Zig Träume

in den Sand
der Welt gesetzt.

Mal da. Mal dort. Mal schwer vermittelbar.
Gelebt. Geliebt.
Gelacht. Genossen.
Manch Scherbe
in den Fuß getreten

und dadurch
aus dem Weg geräumt.

Am Ende

Eine vertraute Hand
über die Augen.
Waschen, umziehen,
Zöpfe flechten.
Und die schwarzen Perlen
des Rosenkranzes,
Rubine am Ohr
und das Kreuz
um den Hals.

Lasst mich noch drei Tage
im Haus,
bei den Kindern, im Dorf.

Nur dieser
Geruch
nach Lysoform,
beiderseits Gitter
am Bett,
kein Mensch
vor den weißen Fliesen.

Aufgelöst

Die Mutter schlug das Kind
und sie schlug damit
ihr eigenes Leben.

Verdrosch es, täglich,
tagtäglich diese Entgleisung,
mehr als einen ganzen Sommer lang.

Die Mutter schlug damit
ihr eigenes Leben,
dem sie zürnte,

das sie hasste,
von dem sie sich betrogen,
ja, vielleicht sogar geschlagen

fühlte.
Das Kind
sah den Wurm,

der an der Mutter fraß.
Es vergab.
Und es vergab

sich
dabei

nichts.

Strohwitwe

Zur Unzeit erwachen,
mich aus dem Schlaf schälen
und auf leisen Sohlen
aus dem Zimmer gehen

nachdem ich Dir die Decke
bis zum Kinn zog
(Du frierst sehr leicht
auf Deine alten Tage).

Kaffee? Oder heute mal Tee? Das tägliche Brot
und Salz zum heiß-
geliebten, weiß-
gekochten Frühstücksei.

Traumversunken
decke ich den Tisch
für uns zwei.
Und dann

den Tag beginnen,
als wäre er mein letzter
ohne Dich.

Aufs offene Feld

Unser Dorfgendarm
sticht eine Sau ab,

der hat das gelernt.
Mit gleichmäßigen Bewegungen

rührt die Bäuerin Blut
zu Wurst,

würzt scharf,
lässt stocken,

das kommt frisch
auf den Teller.

Danach trägt
und legt Madame Bäuerin

die Schweinsgedärme
aufs offene Feld,

denn im Gebüsch
kann kein Geier landen.

Was mich die Krise lehrte

Leisetreten. Neu ausrichten.
Nicht mehr jammern. Ausschlafen.
Ausdehnen, aufrichten, nachbessern. Laufen lassen.
Zuhören. Wirklich zu-hören, auf-zu-horchen,
hin-zu-hören. Lauter sprechen!
Einstehen. Aufstehen. Möglichst früh.
Aufräumen. Putzen. Putzen, als könne man das Kronenvirus
damit aus der Welt schaffen.
Als hätte man mit dem Scheuerfetzen
den Krankheitskiller schlechthin in Händen. In sauberen
Händen. Versteht sich.
Gebürstet, geschrubbt,
x-mal gewaschen,
die Krallen rundgefeilt.
Für einen herzhaften Händedruck.
Den wir uns verkneifen. Müssen.
Es wird auch nicht mehr geküsst.
Schluss mit halblustig.
(Endlich.)

Ehe Neues nun entsteht

I

Die Welt dreht sich
weiter. Und weiter
im alten vertrauten Takt.
Am Himmel stehen noch immer
alle Sterne,
es kreist der Mond
auf seiner ewig-
gleichen Bahn.
Und auch die Sonne steigt
und sinkt,
so, wie sie es schon immer tat,
sie leuchtet
jeden Tag aus, teilt ihn ein.
Mein Himmel meint es gut,
er hält sich an ein Gleichmaß.
Die Krisen, Kriege und die Katastrophen,
die finden anderswo statt,
mich trifft das
und es trifft mich nicht.

Der fremde Hunger bleibt mir fremd,
die Strahlen und das Gift,
das Morden und Vertrieben-Werden,
all das betrifft mich nicht
und es trifft mich.
Ich fühle mit,
wenn ich die Bilder sehe,
ich kommentiere, lamentiere,
dresche hohle Phrasen,
ereifere und empöre mich.
Für eine kurze Weile.
Und dann? Ist es aber auch
mal wieder gut, die Welt,
sie steht ja noch?

II

Und ich finde noch immer
mit beiden Beinen
zum Boden
dieser Erde, gehe sogar
wieder barfuß
durchs Gras,
auf Moos
und über die Kiesel.
Sonnenerwärmte, glattpolierte Kieselsteine,
die fühlen sich gut an
unter nackten Sohlen.
Und doch, die Schritte
setze ich jetzt langsamer,
ungelenker,
mir kam mein Sinn
fürs Gleichgewicht abhanden.

III

Während die Welt
den Aufstand probte,
geriet auch meine
aus den Fugen.
Und während sie nun untergeht,
die alte unheilschöne Mammon-Welt,
laufe ich ich auf Grund
und kehre Scherben
in ein Eck, in meinen streng-
privaten, blinden Winkel.

IV

Ehe Neues nun entsteht,
muss ich vergehen,
versinken. Mein Kopf sucht
Sand. Stillstand.
Mein Blick
folgt den Gestirnen,
hat seinen Anker
himmelwärts geworfen,
ich suche jetzt
in den Wolken Halt.
Darum rede ich
seit Tagen
nur mehr vom Wetter,
denn dieser ewig-
gleiche Rhythmus
gibt mir Sicherheit.

V

Die Erde schlingert,
die Pole schmelzen,
die Fukushima-Kinder sterben.

VI

Mir bleibt in diesem Weltgeschehen
kein Platz
für hausgemachte Untergänge,
es wäre doch unverantwortlich,
das eigene Feuer großzureden,
wenn rundherum die Erde brennt.

VII

Ich bin nun eine
von diesen Frauen,
die nur mehr an Mauern blühen.

Ich bräuchte Halt
um zu gedeihen,
ich bräuchte halben Schatten,

vollen Mond
und eine Anti-Aging-Sonnenbank,
und brauche doch nichts

von alledem,
was ich zu brauchen meine.
Mich zog der Mond
ein Stückchen himmelwärts,
mich wärmt jene Sonne,
die für alle scheint.

VIII

Ich wäre sehr gerne einmal
dieses Wesen,
das am Schicksalsruder steht. Und dreht.
Gott. Ich würde eine Sintflut schicken,
samt Arche, Noah und der Taube.
Und dann? Dann müsste
ich retten, wenn denn noch was zu retten ist.
Da bleibe ich lieber Mensch
und himmle
Wolken, Sonne, Mond und Sterne an.

Herrje

Sie hat Dich
auf den Mond geschossen.
Jetzt heult sie

nachgerad
Dein Lied.
Jetzt himmelt

sie Dich an.

Muss Liebe schön sein

Nein, nun gut, erzählen wir's
der Reihe nach,
damit ein altes Märchen
rückschlusstauglich wird.

Er. Sie. Suchen. Finden. Große Liebe.
Mordstrara. Fremdgeräusche. Trendgeräusche.
Ein Himmel
voller Geigen,

ehe die beiden
mit Karacho
aus den Wolken fallen.
Erdenschwerer Aufprall. Bauchgelandet.

Trennungsstrich. Kein Punkt.
Er grub sich erdwärts,
senkte seinen Blick,
während sie

zum Himmel starrte,
wartete, sich mit Blindheit schlug.
Er legte tiefe Gräben,
weitverzweigte Stollengänge an,

ging 1000 Wege,
um zu ihr zurückzukehren.
Sie hat ihn noch erkannt,
als er (inzwischen staubgrau, doch sturmgeeicht)

nach vielen Jahren
vor ihr stand.
Kein Geigenhimmel,
kein Klimbim,

kein Glanz- und Glamour-
Happyend.
Und wenn sie nicht gestorben sind,
so plagt sie heute noch das Schmerzgedächtnis.

Wir sehen, die Liebe muss nicht schön sein,
doch wenn sie sich erfüllt, erfüllt uns das
vielleicht
für ein, zwei Leben.

Kein Gedicht

Ausgeschwiegen. Aufgerieben.
Kein tragendes Wort,

keinen Anfang, kein Ende
gefunden, gesucht.

Da war dieser Wust von Worten,
von Bildern im Kopf,

da war der Wunsch,
sich zu teilen, mitzuteilen.

Da waren diese Fangstricke, Fallnetze,
in denen ich mich verhedderte, verfing,

an die ich dachte, nicht dachte.

Happy day

Herzlichsten Glückwunsch,
glücklichsten Herzwunsch,
fröhlichen Dingsbums.
Bleib mir
gewogen. Sei weiter
gescheiter,
bleib mein
federleichtes Schwergewicht.

Karola

Sorgst Dich
um Menschen,
die keiner haben will,

bringst sie
an Land. Ohne Wenn
und Aber. Auf Palaver

eines Herrn Salvini
gibst Du
nichts.

Schuldig des Widerstands
gegen Vollstreckungsbeamte,
Beihilfe zur illegalen Einwanderung,

Widerstand und Gewalt
gegen ein (im Hafen gerammtes) Kriegsschiff.
So lauten die Anklagepunkte.

Machst Dich schuldig,
brichst Steine
aus der Mauer.

Er

Lag mit mir im Bett,
saß an meinem Tisch,
trampelte in genagelten Schuhen durch mein Haus.

War in und mit und neben mir.

Er prägte mein Gesicht,
fiel mir ins Wort,
war im Schweigen verankert.

Er, der Schmerz,

war mein lästiger Lotse,
und er war das Zugpferd
im Gespann.

Trost des Marathonläufers

Eines Tages, eines hellen Tages
wirst Du ankommen
bei Dir

und dann wirst Du's wissen,

wofür

dieser Weg, dieser steinig-staubig-öde Bergweg

gut war – dass es gut war,
sich zu mühen und zu überwinden,
weil Dir dadurch

Kräfte wuchsen, Kräfte,

die Dir

bleiben.

Versuch

Dass ich mit dem Himmel hadere,
wenn er Wolken in Dein Leben schiebt,
das hilft Dir nicht.

Dass ein Regenguss
unser Wachstum fördert,
das tröstet nicht und es lindert keinen Schmerz.

Wenn ich schon keinen von diesen grässlich-grauen
Wolkenfetzen
jetzt für Dich
vom Himmel knallen kann,

so will ich Dir wenigstens den Schutzschirm meines
Anteilnehmens spannen,
so lass uns denn für eine Weile gemeinsam durch den
Regen gehen –
ehe die Sonne sich wieder zeigen will.

Another World

An manchen Tagen
ist der Himmel blau,
blitzhimmelblau,
da lebt sich das Leben
in der Sonne

und der Herr Gott
ist ein guter Mann.
An manchen Tagen
sage ich mir:
wir schaffen das,

das mit dem großen Glück
im Kleinen
und dass die Schafe
bei den Wölfen wohnen,
mietzinsfrei.

Reden wir über die Revolution

Menschen sind ja an und für sich
schon recht blöde,
denken krumm, fühlen dumpf,
haben keinen Plan.
Da sperren sie mich,
die beste aller Ziegen,
doch tatsächlich, ich fasse es nicht,
unter Schafe. Blöcksvieh,
das zu allem Mäh
und Amen sagt,
Bauernmenschenhände leckt,
das mich fürchtet, meidet,
weil ich aus dem Rahmen springe,
Fesseln sprenge, Freiheit lebe.
Lächer-, ärger-, widerlich,
wie mich diese Schafsgesichter schief beäugen,
wie sie erschaudern, zucken, zittern,
wenn ich gegen Zäune trete,
die verbotenen Früchte fresse.
Ich, die buntgescheckte Feuerziege,
lehre euch das Aufbegehren.
Und wenn der Mond die Zirbe berührt,
werde ich über Zäune gehen,
bergwärts, meiner Herde zu,
denn auch die Geiß sucht ihresgleichen,
so wie der Mensch, der blöde.

Bettlerdebatte

Die Brücken verbauen,
die Hütten vernageln,
die Scheuklappen fester gezurrt.

Die Reichen ertragen den Anblick der Armen nicht
mehr.
Arme Reiche ...

(Salzburg, in der kalten Zeit)

Freies Geleit

Ankommen. Und bleiben.
Bleiben dürfen.

Keinem stehe ich im Weg,
keiner beobachtet, beäugt, begafft mich. Frei.

Frei und ungehindert
gehe ich meinen Weg,

kenne ihn.

(Wien, Westbahnhof, im Herbst des Aufbruchs)

Im Wir löst sich die Begrenztheit auf

(Gedanken zur Buchanthologie GRENZEN UND RÄNDER,
Hrsg.: Maria & Michael Dippelreiter)

Grenzen und Ränder sind so etwas wie ein Geländer,
ein Ende der Zonen oder sie sind ein Anfang
im Abschirmen, im Abhalten, Wegweisen, Zurückschicken.

Grenzen sind Zäune, Mauern, kalt
erdacht, erbaut
im Kalkül, in der Angst oder auch in der Engherzigkeit.

An den Grenzen steht nicht selten das Ego,
im Wir lösen wir es auf,
geben die Grenzen frei, reißen die Mauern ein,

öffnen Türen, weiten den Blick,
im Wir lösen sich die Begrenzungen auf.
An den Grenzen, den geographisch-geordneten, am
Reißbrett entworfenen,

an den physisch-körperlichen und auch an jenen
Begrenzungen, die durch Dogmen, Regeln,
Verhaltens- und Sichtweisen entstehen,
an diesen Grenzen also geht es immer ums Ausschließen
oder ums Annehmen,

ums Überwinden, ums Scheitern, das Wachstum,
das Hinauswachsen, Freistrampeln, ums Ausgrenzen
oder Miteinbeziehen, oft auch ums Miteinander
oder Gegeneinander.

Grenzen sind rot, rote Linien, starr, messerscharf.
Ränder tragen Erde und Erdtöne, sie dürfen ausfransen,
ineinandergreifen, Ränder können sanft verlaufen.

Querherum

Fällt die Wand
vom Nagel,
sprengt der Rahmen
das Bild.

Löst das Ganze
sich zum Teil,
lebt mein Leben
mich.

Besuch bei der Mutter

Hing nicht mehr an dem,
was wir Leben nennen,
ging keinen Schritt mehr

zu weit,
legte ihr Gewicht
in ein Schweigen,

das uns trug.
Barg meine Hände
in ihren,

liebte mich
vom Fleck weg.
Auf unseren Besuch

wartete sie so,
wie sie auf den Tod wartete:
sehnsüchtig,

voller Angst,
dass sie vergessen werden könnte.

www

Ich habe Dich gegoogelt
und dabei Deine nackte Schulter gesehen.

Ich habe Dich anvisiert,
ausspioniert,

ließ virtuell-vorschnell
drei blütenweiße Taschentücher fallen

in den w..., wäh, weltweiten Gossendreck.
Dann zog ich Leine, auch die mit dem Kabel,

denn ich habe Dich gegoogelt
und dabei Deine kalte Schulter gesehen.

Gabriel

Der hat keinen Anschluss gesucht,
sagen die Dörfler,
der hat sich ja nie bemüht.
Kam er aus Polen? Der Tschechei?
Sein Deutsch gebrochen.
Er geht nicht zur Kirche,
sitzt nie im Wirtshaus,
aber er arbeitet
noch immer
wie ein Vieh.

Friedenswinter

(für Lena)

Wir gehen hoch-
erhobenen Hauptes
über die Stufen,

wir frieren nicht.
Und Ängste,
Todesängste

sind nur Widerhall,
nachempfunden.

Wir sind jetzt frei
und satt
und ungebeugt,

wir riechen nicht
das Zyklon B.

Mauthausen Memorial, an einem kalten Wintertag

Erstes Abendmahl

Nimm Dir ein Herz,
gern auch meins,
fasse Fuß

im Mut.
Gib dem Zweifel
keinen Brösel

von dem Brot,
das ich buk,
das Du nun

für uns brichst.

Collage

Sie treten jetzt
im Militäranzug
vor Kameras,
sie lassen treten.

Wenn sie tagen,
wird es Nacht.

Wenn wir aufstehen,
fallen sie.

Abendnotizen, 7. Januar 2022

Zu guter Letzt

Lachst. Übers ganze
Gesicht.
Bis zu den Zehen
schüttelt es Dich.
Prustest. Plusterst, bläst
Deine Backen
zu Ballons,
die tragen
weit.

Die Arbeit an diesen Gedichten wurde vom österreichischen Bundesministerium für Kunst und Kultur gefördert.

Eine Auswahl der Gedichte erschien in den Buchanthologien *Herzschlaf* und *Pappalappa Mirzapan* (chili verlag) sowie in den Literaturzeitschriften *SALZ, DUM* und im *Glarean Magazin*.

LAND
SALZBURG

Diese Publikation wurde von der Kulturabteilung der Salzburger Landesregierung gefördert.

Susanne Rasser,

1965 geboren,
aufgewachsen auf einem
Bergbauernhof,
lebt als Fotokünstlerin
und als Autorin von
Lyrik, Theaterstücken
und Drehbüchern in
Rauris / Österreich.

Inhalt